2025

2025

by

Raúl Casamadrid

Bilingual edition

Translated from Spanish and edited

by

Arthur Gatti
and
Roberto Mendoza Ayala

Foreword by
Salvador Mendiola

Cover design by
Constanza Casamadrid and Camilo León

2025

Copyright © 2025 by Raúl Casamadrid

All rights reserved. This book or any portion thereof may not be reproduced or used in any manner whatsoever without the express written permission of the publisher except for the use of brief quotations in a book review or scholarly journal.

First printing: 2025

ISBN: 979-8-9893407-6-7

Designed and typeset in New York City by:

Darklight Publishing LLC
8 The Green Suite 5280
Dover, DE 19901

Contents

Foreword by Salvador Mendiola 9

Buenos Aires Limited

Buttocks 14
Book Launch at the Manuel M. Ponce Hall 16
Technician for Concrete Tests at the Construction Site 18
Tabernacle 26
Buenos Aires Limited 28
Bs. As. Ltd. 36

Covid

Covid 19 40
Covid 2020 42
Uruapan 44
CDMX 46
Valentine 48
Four T 50
Holy Mother Covid 52
Covid 2021 54
Covid Metaverse 56
Covid 2022 58
Palermo 60
Birthday 62
The Last Flare of the Selfless 64
Influenza 2024 66
Sixth Wave and Goodbye 68
Premiere Love 70
Long Covid 72
Z 74

2025

2025 78
January 80
February 82
March 84

April 86
May 88
June 90
July 96
August 98
September 102
October 106
November 112
December 122

About the author 131

Índice

Prólogo por Salvador Mendiola 11

Buenos Aires Limited

Tafanario 15
Presentación en la Manuel M. Ponce 17
Técnico para pruebas de concreto en la obra 19
Tabernáculo 27
Buenos Aires Limited 29
Bs. As. Ltd. 37

Covid

Covid 19 41
Covid 2020 43
Uruapan 45
CDMX 47
Valentine 49
Four T 51
Santa Madre Covid 53
Covid 2021 55
Metaverso Covid 57
Covid 2022 59
Palermo 61
Birthday 63
La última llamarada de la *selfless* 65
Influenza 2024 67
Sexta ola y adiós 69
Premier amor 71
Long Covid 73
Z 75

2025

2025 79
Enero 81
Febrero 83
Marzo 85

Abril 87
Mayo 89
Junio 91
Julio 97
Agosto 99
Septiembre 103
Octubre 107
Noviembre 113
Diciembre 123

Acerca del autor 133

Foreword

Raúl Casamadrid's poetry emerges from the continuous failure of reality. If in reality everything is chaos and absurdity, if nothing makes sense and everything is theatre and masks, if everything shines and fades moment by moment, then the only reason for existing can be given to us by poetry, poetry that knows how to deal with the absurd, nothingness and madness; poetry that, immersed in the prelogical world, is never illogical; poetry that consecrates being as it is, the truth of our ephemeral passionate restlessness, the will to affirm words, their musicality and their mysteries.

Casamadrid, a fully mature writer, gives us poems that spring from everyday life, its conflicts and its small joys; moments from which inner experience can emerge, mystical illumination... the burst of laughter that resolves the meaning of a Zen Buddhist koan. Because the philosophizing of Casamadrid's verses is skeptical and pessimistic, ironic, in the end, everything will be oblivion: oblivion and nothing. But in the time that our ephemeral existence lasts, the meaning of everything is given to us by critical awareness, the awareness of words, the spirit of the language that illuminates all the images in this book.

Colloquial and metaphysical, epidermal and profound, dark and funny, surprising and brilliant, always amazing, Raúl Casamadrid's style reveals a singular poet with a completely unique and authentic style, a poet who portrays himself in each of his songs, without having to turn them into autobiography or confession. A poetry that dialogues with great paradigms of poeticizing, such as César Vallejo and Jorge Cuesta, like Renato Leduc and Oliverio Girondo; but also an experimental poetry that opens doors and windows to the future of singing and life, without ceasing to be connected to the classical tradition that unites the Renaissance and Antiquity in the new American expression.

Salvador Mendiola

Prólogo

La poesía de Raúl Casamadrid emerge del fracaso continuo de la realidad. Si en realidad todo es caos y absurdo, si nada tiene sentido y todo es teatro y máscaras, si todo brilla y se apaga instante por instante, entonces la única razón para existir nos las puede dar la poesía, la poesía que sabe tratar con el absurdo, la nada y la locura; la poesía que, sumergida en el mundo prelógico, no es nunca ilógica; la poesía que consagra el ser como es, la verdad de nuestra efímera inquietud apasionada, la voluntad de afirmarse de las palabras, su musicalidad y sus misterios.

Casamadrid, escritor plenamente maduro, nos entrega poemas que brotan de la vida cotidiana, sus conflictos y sus pequeños goces; momentos de donde puede emerger la experiencia interior, la iluminación mística... el golpe de risa con que se resuelve el sentido de un *koan* de budismo zen. Porque el filosofar de los versos de Casamadrid es escéptico y pesimista, irónico; a fin de cuentas, todo será olvido: olvido y nada. Pero en lo que dura nuestra efímera existencia el sentido de todo nos lo otorga la conciencia crítica, la conciencia de las palabras, el espíritu de la lengua que ilumina todas las imágenes de este libro.

Coloquial y metafísico, epidérmico y profundo, oscuro y divertido, sorprendente y genial, siempre asombroso, el estro de Raúl Casamadrid nos revela un poeta singular, con un estilo completamente propio y auténtico, un poeta que se autorretrata en cada una de sus canciones, sin que por ello las tenga que volver autobiografía o confesión. Una poesía que dialoga con grandes paradigmas del poetizar, como César Vallejo y Jorge Cuesta, como Renato Leduc y Oliverio Girondo; pero también una poesía experimental que abre puertas y ventanas al futuro del cantar y la vida; sin que por ello deje de estar conectada con la tradición clásica que une el Renacimiento y la Antigüedad en la nueva expresión americana.

SALVADOR MENDIOLA

BUENOS AIRES LIMITED

Raúl Casamadrid

BUTTOCKS

Now that I inhabit this freak world
where the red bean tree dwells,
between your arms and under your eyes
I have fun, it rains: picnic day.

A priest questions if I came or if I went;
rock music drives bears away.
Lying at your feet with my loose arms
the river and my words seem to converge.

Above a eucalyptus the light filters
the vivid aroma of the strawberries;
as I dream on, I imagine your return.

Toddlers flee from school;
I hide within your flying mane.
You smile, the sky clears and you move away.

TAFANARIO

Ahora que habito este mundo *freak*
donde mora el árbol de frijoles rojos,
entre tus brazos y bajo tus ojos
retozo, llueve: día de pic-nic.

Un cura averigua si vine o si fui;
la música rock espanta a los osos.
Tendido a tus pies con los brazos flojos
el río y mis palabras parecen confluir.

Sobre un eucalipto la luz cuela
el aroma prendido de las fresas;
mientras sueño, dibujo que regresas.

Los párvulos escapan de la escuela;
me escondo entre tu melena que vuela.
Sonríes, el cielo escampa y te alejas.

Raúl Casamadrid

BOOK LAUNCH AT THE MANUEL M. PONCE HALL

I am, under the rain in Mexico City,
waiting for a poet that does not exist; or yes.
I am Mabel and he is Mars. He doesn't live.
Neither do I. I am the poetess that gives birth to eternity.

And not. I am only an eccentric figure; co.
And the poet I wait for is myself; or yes.
There are no nymphs at Fine Arts nor lives
in my blood the CDMX that faces the inside.

I'm tired of rhyming, of counting sexy syllables
and to love and to love and to love projections.
The grammar left, as I left

and I stopped seeing you, very much as my own,
                      very much as myself;
and I went to the doctor who prescribed injections
then I postponed the prescriptions. Méxi

PRESENTACIÓN EN LA MANUEL M. PONCE

Estoy, bajo la lluvia en la Ciudad de México,
esperando a un poeta que no existe; o sí.
Soy Mabel y él es Marte. No vive.
Ni yo. Soy la poetisa que encarna lo eterno.

Y no. No soy sino una figura excéntrica; co.
Y al poeta que espero soy yo; o sí.
No hay ninfas en Bellas Artes ni vive
en mi sangre la CDMX que encara lo interno.

Me cansé de rimar, de contar sílabas sexis
y de amar y de amar y de amar proyecciones.
La preceptiva se fue, como me fui yo

y te dejé de ver, muy a lo mío, muy a lo yo;
y fui al doctor que me recetó inyecciones
y dejé para luego las prescripciones. Méxi

Raúl Casamadrid

TECHNICIAN FOR CONCRETE TESTS AT THE CONSTRUCTION SITE

Your practical guava scent,
your superb fruit and your bloom,
your blue denim, your prose,
your rhymes and your strictness.

Your harsh cut hair,
your noise that wraps my face,
your sandpaper, your enchantment, your contour, my mind
and your body as a Paracho guitar
(when you rock rhymes, silences and Juan Helguera songs
at the Julián Carrillo Auditorium of Radio Universidad
in Adolfo Prieto 133 Colonia del Valle).

It's not hard to understand
–if you enter and then exit–
how it trims my docile sex
your fierce lash out in reverse.

And you are:
1 candy dispenser
2 taffies
3 delicious figs in syrup
a guest quarter in Eugenia fifth
at the sixth street in the seventh court of Coyoacán Ave.

TÉCNICO PARA PRUEBAS DE CONCRETO EN LA OBRA

Tu práctico aroma a guayaba,
tu fruto soberbio y tu flor,
tu mezclilla azul, tu prosa,
tus rimas y tu rigor.

Tu rudo corte de pelo,
tu ruido que emboza mi rostro,
tu lija, tu embeleso, tu contorno, mi mente
y tu cuerpo de guitarra de Paracho
(cuando meces notas, silencios y sones de Juan Helguera
en el auditorio Julián Carrillo de Radio Universidad
de Adolfo Prieto 133 en la colonia del Valle).

No es tan difícil entender
–si entras y luego sales–
cómo tonsura a mi sexo dócil
tu bravo arranque al revés.

Y eres:
1 surtidor de dulces
2 caramelos
3 ricos higos en almíbar
un cuarto de huéspedes en la quinta Eugenia
de la sexta calle en la séptima privada de Av. Coyoacán.

And you walk among donuts
sweets and chocolate novenaries
while you think they don't look at you because you think you
are not admirable
(though I am despicable).

Meanwhile,
the Ryuichi Sakamoto's Yellow Magic Orchestra
sounds from the scented CD that you forgot
at the subway
when we were supposed to go to Tlatelolco to the launch of
the book about the old Condés guerrilla
–although Carlos Montemayor was certified dead–.

And you presented yourself
at the archive of the Plaza de las Tres Culturas
next to the Ixtapalapa Prince
among delectable glasses of crystallized pulque
like the most sensual flower of the Nonoalco kingdom;
you moistened your lilac lips of violet lipstick in mezcal
juice and red wine
(inside of the Universitario, beside Garibaldi subway station
next to the unforgettable stone bridge
at the very front of the Cuitláhuac roundabout).

Because of you
(as Óscar Chávez said)

Y andas entre donas
golosinas y novenarios de chocolates
mientras piensas que no te miran porque crees que no eres
admirable
(aunque yo sea miserable).

En tanto,
la Mágica Orquesta Amarilla, de Ryuichi Sakamoto,
suena en el CD perfumado que olvidaste
en el metro
cuando dizque íbamos a Tlatelolco a la presentación
del libro sobre la vieja guerrilla de Condés
–aunque Carlos Montemayor estuviera certificadamente
muerto–.

Y te presentaste
en el repositorio de la Plaza de las Tres Culturas
junto al Príncipe de Ixtapalapa
entre deleitables vasos de pulque cristalizado
como la flor más sensual del reino de Nonoalco;
humedecías tus labios lilas de bilé violeta en sumo de mezcal
y con vino tinto
(dentro del Universitario, a un costado del Metro Garibaldi
junto al inolvidable puente de piedra
enfrentito de la glorieta del Cuitláhuac).

Por ti
(como dijera Óscar Chávez)

I followed the wake of your trace in the sky
and the track that the arc of your soles plowed
on the dry path of the agave and the nopal
where your divine breath dimmed astonished
stars
under the no-light
of the yes-moon
not so new
that now blinks in the ecstatic and moisted effluvium
of your perfect upright smiles,
sweet bloom of maguey;
okay.

Later on,
you joined in discussions that evoked Clavería eateries
behind the Cosmos, and danced longing to get away from
                                                      hyperbatons

        and I
looked for you in
one iambic carnation
in two one-eyed pirates
in thirds of double twins
in the quarters of proscribed hotels
in the fifths of the Amores Avenue
on cameras on tripods with telephoto lenses
and in your salty and sideral aromatic earlobes.

seguí la estela del trazo de tu rastro en el cielo
y la huella que el arco que tus plantas surcara
sobre la brecha seca del agave y el nopal
donde tu hálito divino evansciera estrellas
atónitas
bajo la no-luz
de la sí-luna
no tan nueva
que ahora titila en el efluvio extasiado y húmedo
de tus perfectas sonrisas erectas,
dulce flor del maguey;
okey.

Más tarde,
te acoplaste a tertulias que evocaban a fondas de la Clavería,
atrás del Cosmos, y danzaste ansiando alejarte de hipérbatos

       y yo
te busqué en
un clavel yambo
en dos tuertos piratas
en tercias de dobles mellizas
en cuartos de hoteles proscritos
en quintas de la Avenida Amores
en cámaras sobre trípodes con telefotos
y en tus aromáticos lóbulos salados y siderales.

And I found you at the Saturn's rings,
in the navel of your tatooed legs,
in your thighs and in the middle of your calves.

Today,
I rush to the shoemaker
while you lightly depart and I chat with the shoe shiner.

Meanwhile,
a neon rainbow gives off dusks
and its ochre-coloured shimmering light predicts your kisses
and paints curls on your golden forehead;
rainy raindrops run down your temples after
the hot summer
and from your sex sprouts its musk-scented honey
so candied.

Afterward,
you tell me that the COMEX store at the Northern Bus Station
is now closing
(on Poniente 112 at Nte. 1ª, next to Metro Potrero, between
Politécnico Ave.,
Lindavista and Insurgentes, in Capultitlán, at the side of San
Judas Tadeo Church).

And I run in a hurry
as if I could color our horizon.

Y te hallé en los anillos de Saturno,
en el ombligo de tus piernas tatuadas,
en tus muslos y en medio de tus pantorrillas.

Hoy,
me lanzo hacia la reparadora de calzado
mientras te vas ligera y converso con el bolero.

En tanto,
un arcoíris de neón desprende atardeceres
y su luz ocremente tornasolada adivina tus besos y pinta de
rizos tu frente dorada;
sobre tus sienes resbala la lluvia pluviosa después del verano
que arde
y brota de tu sexo su miel con aroma de almizcle
confitadísimo.

Después,
me comentas que ya cierra la COMEX de la Central de
Autobuses del Norte
(sobre Poniente 112 con Nte. 1ª, junto al Metro Potrero, entre
Av. Politécnico,
Lindavista e Insurgentes, en Capultitlán, a un costado de la
Iglesia de San Judas Tadeo).

Y yo corro en chinga
como si pudiera colorear nuestro horizonte.

Raúl Casamadrid

TABERNACLE

I'm dying to make love to you.

At the monastery odors wander:
Why covet beauties
if then I die and exhale in search
of bitter fruits with no light or flavor?

Your presence is a funeral wreath;
a vague voice above my grey coffin:

you left my flow burnt out, shapeless,
and the aroma of those light clothes,
hanging, smells like soap and scares me.

Your chocolate came to my hand;
it appeared at the graveyard among lilacs
next to the American friend.

And I wanted to dream: to believe that I am human
and not an AI in your summer camp.

TABERNÁCULO

Muero de ganas por hacerte el amor.

Entre el monasterio vagan olores:
¿para qué codiciar primores
si luego fenezco y expiro en pos
de acres frutos sin luz ni sabor?

Tu presencia es una corona de flores;
una voz vaga sobre mi féretro gris:

dejaste mi *flow* fundido, sin forma
y el aroma de esa ropita ligera,
tendida, huele a jabón y me asusta.

Tu chocolate se vino en mi mano;
apareció en el panteón entre lilas
junto al amigo americano.

Y quise soñar: creer que soy humano;
no una IA en tu campamento de verano.

BUENOS AIRES LIMITED

When reading this text –my friend and namesake Raúl Torres tells me– he remembered that there is a long-standing tradition that comes from Vincentius Placcius, a 17th century young man from Hamburg, who was the first to write a poem commented by himself. Then he recalled another very famous one: the jurist and poet don Miguel Antonio Caro, who later quarreled with his colleague, the Latinist Rufino José Cuervo, who also combined the encyclopedia with –what he called– poetry. In this tradition, I decided to do the same with the tridecasyllable that I wrote when visiting the museum of the Buenos Aires painter Benito Quinquela Martín in the neighborhood of La Boca. Here it is...

a) Aleph is the name of the first letter of the Hebrew, Persian and Arabic alphabets; in mathematics, and as a graphic sign, it represents the cardinality of infinite numbers and orders their transinfinitivity, which –as it is well known– can have finite limits in the finite, finite in the infinite, infinite in the finite and infinite in the infinite. For the divine Borges, the Aleph is "a small iridescent sphere, of an almost intolerable glow" where the entire universe and all time fits. If the Aleph is bifurcated –I think– the universe is not split in two halves, but is duplicated.

BUENOS AIRES LIMITED

Al leer este texto –me platica mi amigo y tocayo Raúl Torres– recordó que existe una rancia tradición que viene de Vincentius Placcius, un joven hamburgués del siglo XVII, quien fuera el primero en escribir un poema comentado por él mismo. Después, rememoró a otro muy famoso: el jurista y poeta don Miguel Antonio Caro, quien luego se peleara con su colega, el latinista Rufino José Cuervo, quien también combinaba la enciclopedia con –cuanto él llamaba– la poesía. En esta tradición, decidí hacer lo propio con el tridecasílabo que escribí al visitar el museo del pintor bonaerense Benito Quinquela Martín en el barrio de La Boca. Va...

a) Álef es el nombre de la primera letra de los alfabetos hebreo, persa y arábigo; en matemáticas, y como signo gráfico, representa la cardinalidad de los números infinitos y ordena la transinfinitividad de los mismos que –como bien se sabe– pueden tener límites finitos en el finito, finitos en el infinito, infinitos en el finito e infinitos en el infinito. Para el divino Borges, el Aleph es "una pequeña esfera tornasolada, de casi intolerable fulgor" donde cabe todo el universo y todos los tiempos. Si el Aleph se bifurca –pienso yo– no se parte el universo en dos mitades, sino que se duplica.

b) The *ceibos* are trees native to South America and symbiotics; their branches have thorns, and the symmetry of their flowers is bilateral; these are beautiful, red and very pretty. They are considered Argentina's national flowers and, although their ingestion can be dangerous to health, they are still very charming.

c) The *confiterías* are shops or stores (similar to confectionery stores, sweet shops or candy stores) that sell a variety of sugary products. In Argentina, this term is applied to establishments that make and sell sweets; and these places also operate as tea rooms. By extension, these shops or stores also sell soft drinks, sandwiches and cakes; they are similar to a soda fountain or to a small neighborhood restaurant. We Mexicans foolishly think that they sell confetti or paper confetti there.

d) *Bombón* is the name with which is called a small chocolate candy that, sometimes, is filled with some liquor or a cream with confited fruits; by antonomasia, this term is used by young ladies to refer to an attractive or sweet man; in the figurative and extensive sense of the word, they name in this way the young boy they would like to eat.

b) Los ceibos son árboles originarios de Sudamérica y simbióticos; sus ramas tienen espinas, y la simetría de sus flores es bilateral; ellas son hermosas, de color rojo y muy bonitas. Se les considera la flor nacional de la Argentina y, aunque su ingestión pueda ser peligrosa para la salud, no dejan de estar muy guapas.

c) Las confiterías son los establecimientos o tiendas (similares a las *confectionery stores*, *sweet shops* o *candy stores*) que comercian una variedad de productos azucarados. En la Argentina, este término se aplica a los establecimientos que hacen y venden dulces; y estos locales, también, funcionan como salones de té. Por extensión, dichos comercios o almacenes igual expenden gaseosas, sandwiches de miga y pasteles; son similares a una fuente de sodas o a un pequeño restaurante de barrio. Los mexicanos, tontamente, pensamos que ahí venden papel picado o confeti.

d) Bombón es el nombre con el que se denomina a un pequeño dulce de chocolate que, en ocasiones, va relleno de algún licor o una crema con frutas confitadas; por antonomasia, este término es usado por las chicas para referirse a un hombre atractivo o dulce; en el sentido figurado y extenso de la palabra, así denominan al chico que se pueden comer.

e) The *Arce* is an exotic tree in Argentina, originally from the forests of Ontario and Terranova, in Canada, where its leaf is part of the national symbol that adorns the flag. It grows up to forty meters or more and its roots are strong and bulky. It lives an average of 150 years and from its sweet sap is produced a highly appreciated honey or syrup. It is also known as Maple. Many streets of the Autonomous City of Buenos Aires are covered with this species. Although it is beautiful and gives shadow, it is considered exogenous and a plague. Their roots break the sidewalks where people walk, and their leaves, which detach during the autumn, cover the streets and provide the city with a unique, picturesque, nostalgic and very *porteño* appearance.

f) The *Sudestada* is a strong wind with a load of pertinacious drizzle that comes from the southeast and causes the Río de la Plata to rise; in the Autonomous City of Buenos Aires it affects above all the Buenos Aires neighborhood of La Boca. Argentine rock groups, such as Los Piojos, and singers such as Gustavo Cerati, have dedicated songs to it.

g) Recoleta: a traditional neighborhood in Buenos Aires, an area of great historical interest and home to wealthy sectors of the population, whose cultural attractions have made it a highly relevant tourist spot. There are also restaurants and public and private spaces where girls and escorts go in the afternoon and at night looking for a partner –in an independent and

e) El arce es un árbol exótico de la Argentina, originario de los bosques de Ontario y Terranova, en Canadá, donde su hoja forma parte del símbolo nacional que adorna la bandera. Crece hasta los cuarenta o más metros de altura y sus raíces son fuertes y voluminosas. Alcanza a vivir un promedio de 150 años y de su savia dulce se produce una miel o jarabe muy apreciados. Se le conoce, también, como *maple*. Muchas calles de la Ciudad Autónoma de Buenos Aires están cubiertas por esta especie. Aunque es bella y sombrosa, se le considera exógena y plaga. Sus raíces quiebran las aceras por donde la gente anda, y sus hojas, que se desprenden durante la otoñada, cubren las calles y brindan a la ciudad un aspecto único, pintoresco, nostálgico y muy porteño.

f) La Sudestada es un viento fuerte con carga de persistente llovizna que viene del sudeste y provoca la crecida del Río de la Plata; en la Ciudad Autónoma de Buenos Aires afecta, sobre todo, al barrio porteño de La Boca. Grupos argentinos de rock, como Los Piojos, y cantantes, como Gustavo Cerati, le han dedicado canciones.

g) Recoleta: barrio tradicional de Buenos Aires, zona de amplio interés histórico y hábitat de sectores acomodados de la población, cuyos atractivos culturales lo han convertido en un punto turístico de gran relevancia. Ahí se ubican también restaurantes y espacios públicos y privados a donde acuden, durante tarde y noche, chicas o escorts en busca de pareja –de manera independiente

tolerated manner– to exercise what is euphemistically called "the world's oldest profession."

h) *Plazoleta*: it is the Plaza Intendente Alvear, one of the main squares in the Recoleta neighborhood, also commonly called Plaza Francia, located in front of it and with which it is mistaken. The Artisans Fair takes place there; it is surrounded by hotels and bars, in front of the Recoleta Cemetery and a few steps from the most exclusive mall or shopping center in the city. A well-known meeting point.

i) Palermo is the largest neighborhood of Buenos Aires, designed along with beautiful gardens by the architect Carlos Thayes; it is full of bars and restaurants of all kinds, close to fashion stores. Recently, it was subdivided into areas such as Palermo Soho and Palermo Hollywood, which join other more traditional areas such as Palermo Viejo, Chic, Norte, VIP and Nuevo. Walking through its streets, one can hear lively conversations between groups of girls who move fast, talking in short, sharp and very quickly pronounced phrases.

j) At La Boca, the Plazoleta de los Suspiros is where immigrants went to receive news of those who arrived or left. Over time, it also became a meeting point for couples:

y tolerada– para ejercer el llamado, eufemísticamente, "oficio más antiguo de la humanidad".

h) Plazoleta: es la Plaza Intendente Alvear, una de las principales en el barrio Recoleta, comúnmente llamada también Plaza Francia, ubicada al frente de ésta y con la que se confunde. Ahí se lleva a cabo la Feria de los Artesanos; está rodeada de hoteles y bares, frente al Cementerio de la Recoleta y a unos pasos del *mall* o centro comercial más exclusivo de la ciudad. Muy conocido punto de reunión.

i) Palermo es el barrio más amplio de Buenos Aires, diseñado junto con hermosos jardines por el arquitecto Carlos Thayes; lleno bares y restaurantes de todo tipo, cercanos a tiendas de moda. Recientemente, subdividido en áreas, como son el Palermo Soho y el Palermo Hollywood, que se unen a otras más tradicionales, como el Palermo Viejo, Chic, Norte, VIP y Nuevo. Al caminar por sus calles uno puede escuchar animadas conversaciones entre los grupos de chicas que se desplazan veloces hablando con frases cortas, agudas y muy rápidamente pronunciadas.

j) En la Boca, la Plazoleta de los Suspiros es a donde acudían los inmigrantes para recibir noticias de quienes llegaban o se iban. Con el tiempo, se convirtió también en un punto de encuentro para parejas:

Bs. As. Ltd.

The Aleph's crazy wind that bifurcates
between *ceibo* flowers is born in the valleys.
You stand up, get dressed and jog the streets;
your salacious aroma fades away and you ripple me.

The *bombones* and confectionaries you look for
under the leaf litter that covers Bs. As.
perfume paths fragant with affaires
and naked maple trees that the autumn dazes.

The *sudestada* that waves Río de la Plata
sways you in its breeze up to Recoleta.

The streetlights take me to their *plazoleta*
and there I nest on the route to your secret soul.

Your voice tastes like Palermo. And, pirate,
your Boca is the vessel that a sigh praises.

Bs. As. Ltd.

El viento loco del Aleph que se bifurca,
entre flores de ceibos, nace en los valles.
Te incorporas, te vistes y trotas las calles;
se evanesce tu aroma salaz y me surcas.

Los bombones y confiterías que buscas
bajo la hojarasca que cubre Bs. As.
perfuman senderos fragantes de *affaires*,
y arces desnudos que el otoño ofusca.

La sudestada que olea Río de la Plata
te mece en su brisa hasta Recoleta.

Las farolas me arriman a su plazoleta
y ahí anido en la ruta de tu alma secreta.

Tu voz tiene gusto a Palermo. Y, pirata,
tu Boca es la nave que un suspiro decanta.

COVID

COVID 19

I am partly cloudy
at 37 Celsius and rising.
Nothing is as virulent as me.
I infect everyone.

People dodge me and flee,
step aside and cover
their mouth, their eyes, their privy parts.
Everybody knows I'm dying.

Nothing better than a walk
and the very real illusion of being double;
walking covered, slow, with gloves;
thriving clorinated, back and forward.

And I watch myself on the tv and this year's magazines
and I hate to deal with herd immunity.

COVID 19

Estoy parcialmente nublado
a 37 grados celsius y subo.
Nada es tan virulento como yo.
Infecto a todo el mundo.

Se me sesga la gente y huye,
se hace a un lado y se cubre
la boca, los ojos, las partes nobles.
Todos saben que estoy muriendo.

Nada mejor que una caminata
y la ilusión tan real de ser doble;
andar cubierto, despacio, con guantes;
medrar clorado, atrás y adelante.

Y me veo en la tele y revistas de este año
y odio topar con la inmunidad de rebaño.

Raúl Casamadrid

COVID 2020

I'm longing to be contaminated,
be completely filthy,
to smell like a guy, like flesh,
to walk dressed in rags.

I long to come down naked
over your inert body;
satiate me with your juice
in a deadly orgasm.

And wander with a magnifying lens;
and, yes:
to fall in the pit
where there are only
traitors:
sad games,
pain,
schnapps
and a sorcerer's bullshit.

It's not your fault.

COVID 2020

Extraño contaminarme,
estar todo mugroso,
oler a bato, a carne,
andar zaparrastroso.

Ansío irme desnudo
sobre tu cuerpo inerte;
saciarme con tu jugo
en un orgasmo de muerte.

E ir errando con lupa;
y, sí:
caer en el hoyo
donde sólo hay
traidores:
tristes juegos
dolor,
aguardiente
y un rollo brujo.

No tienes la culpa.

Raúl Casamadrid

URUAPAN

Maybe not all of them died in vain;
maybe only those who had to die
in Ukraine, in Tepito or in the bathroom,
by suffocation, by gunshots or by COVID.

The good and the bad ones died the same;
dogs, princesses and a hummingbird perished;
my brother-in-law's sweet mother deceased,
Buenos Aires, Morelia and Madrid expired.

Here the party, the frolic, went on:
the fair at the slopes of Paricutín.

At Uruapan, San Juan and Cuanajo:
jolly music, dancing and Bacardí.

And in the Day of the Dead: the cemetery,
candles, cempasúchil and your song.

URUAPAN

Tal vez no todos murieron en vano;
quizá sólo los que tenían que morir
en Ucrania, en Tepito o el baño,
por asfixia, a balazos o por COVID.

Murieron igual buenos k malos;
felparon perros, princesas y un colibrí;
falleció la dulce madre de mi cuñado,
expiraron Buenos Aires, Morelia y Madrid.

Aquí siguió el jolgorio, el relajo:
la feria a las faldas del Paricutín.

En Uruapan, San Juan y Cuanajo:
música alegre, baile y Bacardí.

Y en la fiesta de Muertos: el panteón,
veladoras, cempasúchil y tu canción.

Raúl Casamadrid

CDMX

We are well: we smell like the two of us.
And your flavor tastes better than our flavor.
We are not good, but God has blessed us.

We are all set: nothing to regret.
You got infected at his bed and you gave COVID
to your ill father and to our newborn.

And for you, it didn't matter to cheat on me;
bitch from Iztapalapa and Tlalpam, you smell of French perfume:
I still feel the dead saliva you gifted me with your song
and your exquisite aroma of the sea, while you where so high.

For your own sake you decided to attack me
and take with a slap the mask off from my face
as I fingered your crotch –with no caution or modesty–.

And the gray afternoon clouded over in the blue contingency...

CDMX

Estamos bien: olemos a los dos.
Y tu sabor sabe mejor que nuestro sabor.
No somos buenos, pero nos bendijo Dios.

Estamos colocados: nada que lamentar.
Te infectaste en su cama y a tu padre enfermo
y al neonato nuestro diste COVID.

Y te importó un cometa burlar mi amor;
bruja de Iztapalapa y de Tlalpam, hueles a perfume francés:
aún siento la saliva muerta que me regalaste con tu canción
y tu aroma exquisito a mar, cuando andabas bien *high*.

Por tu propio bien decidiste asaltarme
y de un soplamocos tirarme el cubrebocas de la faz
mientras dedeaba tu entrepierna –sin precaución ni pudor–.

Y se nubló la tarde gris en la contingencia azul...

VALENTINE

I loved you more than anyone and more than everything
but with the new day another woman arrived
–or her outline–

now I see you from afar and I rest.
No one knows about pandemics:
no way around

I am happy because I return home
lalalalalala lalalalalala
however, when I come to you, you are not there
neither Héctor, Carlos, Marcial, Pascual or César
nor my father-in-law nor your sick mother and her feet in the
                                                            bathtube

As I listen to Chicago Transit Authority
you sing:

"Now: if you knew I was dead,
full of virus and of your stupid stench
Why did you have to ghost me,
phantomly and without love?"

VALENTINE

T quise más q a nadie y más que a todo
pero con el nuevo día llegó otra mujer
—o su esbozo—

ahora t veo d lejos y reposo.
Nadie sabe de sindemias:
ya ni modo

Estoy feliz porque regreso a casa
lalalalalala lalalalalala
mas, cuando acudo hacia ti, no estás
tampoco Héctor, Carlos, Marcial, Pascual o César
o mi suegro ni tu madre enferma y sus pies en la bañera

Mientras escucho a Chicago Transit Authority
cantas:

"Ahora: si sabías que estaba muerta,
llena de virus y de tu estúpido hedor
¿por qué tenías que ghostearme,
fantasmalmente y sin amor?"

FOUR T

I don't give a damn about politics
(although it fits me like a glove)
or if you flee with the hygienic pariah
who trafficked with gloves and masks

you see: I only listen to heavy rock
and to the Berlin drummer you loved
(although he died without dying from the virus)
who injected you his love potion

and I am going to bite your face, and wait
for you to finish –with a sucidal mind–
your very ordinary world narrative:

until the clear and pristine
night is worth absolutely nothing
or the three of us are dead.

FOUR T

me importa un comino la política
(aunque me cae como anillo al dedo)
o si te fuiste con el higiénico parna
que traficaba guantes y cubrebocas

ya ves: escucho puro rock pesado
y al baterista berlinés que amaste
(aunque felpó sin morir del virus)
k te inyectó su falopa de amores

y voy a morder tu cara, y a esperar
a k finiquites –con mente suicida–
tu renaka narrativa del mundo:

hasta que la clara i prístina
noche valga purísima nada
o estemos muertos los tres.

HOLY MOTHER COVID

I am not going to sing like I used to
nor am I gonna be the hidden passenger
that makes a great voyage
during the nebulous season.

I won't be the pineapple thief either
or the threatening war of dissolution
but the Great Voyage itself:

the one who kills COVID
and finished off all
the Totally Palace eyes.

Because:
(when I was cheerful and on my way to see my mom)
the subway muted –or tumbled– and I died completely.
Today, life in Capula is a dead life

[and every night the catrinas with no peace nor faith or cuddles
and the ugly lads
of the fourth performance
they caress and pull your hairs].

SANTA MADRE COVID

Ya no voy a cantar como antes
ni a ser el pasajero oculto
que realiza un gran viaje
durante la nebulosa temporada.

Tampoco seré el ladrón de la piña
o la amenazante guerra de disolución
sino el Gran Viaje seré:

el que mata a la COVID
y acaba con todos los ojos
Totalmente Palacio.

Porque:
(cuando estaba alegre e iba a ver a mi madrecita)
el metro calló –o se cayó– y morí del todo.
Hoy, la vida en Capula es vida muerta

[y cada noche te mesan y jalan los cabellos
las catrinas sin paz ni fe o abrazos
y los gachos bodoques
de la cuarta performación].

Raúl Casamadrid

COVID 2021

I come from the country's worst region
and I crazily love not to love you:
unfaithful México and asshole dancer,
I knew it wasn't good to embrace you.

You cramped me up just because
and just because, you left me;
old bitch and fucked city:
shitty México, you killed me.

Rounds with old politicians
so sweet as sugar
in the perfidious shanty town.

Syrupy MXCD:
I love you as much as
you hate me.

COVID 2021

Soy de la peor región del país
y amo a lo loco el no amarte:
México infiel y kulei danzarín,
supe q no era bueno abrazarte.

Me bien torciste por no dejar
y por no dejar me dejaste;
vieja puta y jodida ciudad:
mierda México, me mataste.

Rondas con políticos viejos
redulces como el azúcar
en la pérfida ciudad perdida.

Almibarada MXCD:
t quiero tanto como
me odias, tú a mí.

Raúl Casamadrid

COVID METAVERSE

I am being metaversed by 2 girls that troll
with their selfie, pink and fascist spirit.

When I enter into their pages I'm rejected
and bots and tweets appear, and they brag.

One of them studies in karamasutra and self-help books;
the other goes to the movies dressed in rags;
the younger + invites me and brandishes her axe
and screams ¡Eya! in rude videos that scare.

Now I go up, now I go down
now I'm going home.

They're very good (for nothing)
others + better pass by.

And I remain fixed like a slab
and nothing happened here.

METAVERSO COVID

Estoy metaversado por 2 chicas que trolean
kon espíritu selfi, rosa y facho.

Cuando entro a sus páginas retacho
y aparecen bots, tuits y farolean.

Una estudia enkaramasutra y libros de autoayuda;
otra va al cine vestida en fachas;
la + chica me invita y blande su hacha
y grita ¡Eya! en rudos videos que panikean.

Ora subo, ora bajo
ora me largo a casa.

Mucho muy buenas (para nada)
otras + chidas repasan.

Y quedo fijo como laja
y aquí no ha pasado nada.

Raúl Casamadrid

COVID 2022

I was born next to the sanitizing mat that speaks formally
and you said that it was alright
that I didn't love you or that I never loved you so much
bc that cloth didn't know about the pain.

At this time everything is luminous as an electrocution:
at your home, which is mine, which is ours and that is God's.

I know you won't open the door again because you confused
what was contaminated with what was infected.

Now, I talk confidently to the virus:
I visit Capulina springs
in Chignahuapan and I drink sake with Viruta.

Because, although you died, your sex accompanies me.

The drink is fake, but the comedian is not.

That's so cool.

COVID 2022

Nací junto al tapete sanitizante que habla de usted
y tú dijiste que así estaba bien
que no te amara o que nunca te amara tanto
xq ese trapo no sabía del dolor.

A esta hora todo es luminoso como una electrocución:
en tu casa, que es mi casa, que es la nuestra y kes de Dios.

Sé que no abrirás más la puerta porque confundiste
lo que estaba contaminado con lo infecto.

Ahora, me hablo de tú con los virus:
visito el balnerario de Capulina
en Chignahuapan y tomo sake con Viruta.

Porque, aunque falleciste, me acompaña tu sexo.

La bebida es *fake*, pero el cómico no.

Fíjate qué suave.

PALERMO

You comply; and, although we love very much,
one night we stopped loving because of me.
Because Argentinian women speak in hyperbatons
and because of the continuity of the Cortázar Plazoleta.

I am grateful you didn't kill me
with a tremendous blow to the scruff,
because you trusted me, because you knew I w shipwrecked
and because Palermo has forests with your flower scent.

I know it will come to a point, in time and space,
where you will not have consideration of my asphyxia
in your Andalusian Rose Garden; but what if I suffocate again?

Will you come to save me again in the game of being and
disappearing?
Will you take me in your arms when I wake up almost dead?
Won't it matter whether your Japanese garden recalls me?

PALERMO

Cumples; y, aunque amamos muchísimo,
una noche dejamos de querer por mi culpa.
Porque las argentinas hablan en hipérbatos
y por la continuidad de la Plazoleta Cortázar.

Agradezco que no me mataste
con un tremendo golpe en el occipucio,
porque confiaste en mí, porque supiste q naufragué
y porque Palermo tiene bosques con tu aroma de flor.

Sé k llegará un punto, en el tiempo y en el espacio,
donde ya no tendrás consideración x mi asfixia
en tu Rosedal Andaluz; pero: ¿si me ahogo otra vez?

¿volverás a salvarme en el juego del ser y desaparecer?
¿me tomarás entre tus brazos cuando amanezca casi muerto?
¿sin importar si tu jardín japonés se acuerda de mí?

Raul Casamadrid

BIRTHDAY

    a
    a
    u
    u

    o
    i
    i
    o

    e
    2
    9

    i
    e
    u

2025

BIRTHDAY

a
a
u
u

o
i
i
o

e
2
9

i
e
u

Raúl Casamadrid

THE LAST FLARE OF THE SELFLESS

You didn't look at me nor did I look at you
you didn't know about me either
when the light dispersed.

You were a non-selected poem
in the environment of this lugubrious México
that interested you so much

(while you went naked and borderless
and gave yourself lovingly
–between megabytes and optical fiber–
with no peace and with madness).

Then,
your shadow of pastel tones
and pure silica faded
under the pink gate
you set fire to many times.

 [Cold, but indulgent,
while pressing the button,
at midnight,
and to my exoskeleton,
directly,
you killed me;
selflessly].

LA ÚLTIMA LLAMARADA DE LA *SELFLESS*

No me miraste ni te miré
tampoco supiste de mí
cuando la luz se dispersó.

Fuiste un poema no coleccionado
en el entorno de este México lúgubre
que tanto te interesó

(mientras andabas desnuda y sin fronteras
y t dabas amorosamente
–entre megabytes y fibra óptica–
sin paz y con locura).

Luego,
se esfumó tu sombra
de tonos pastel y sílice puro
bajo el portal rosa
que tantas veces incendiaste.

[Fría, pero indulgente,
al apretar el disparador,
a medianoche,
y hacia mi exoesqueleto,
directo,
me mataste;
muy acá]

Raúl Casamadrid

INFLUENZA 2024

I glimpsed a mermaid who made jokes
and in the honey of her perfume, aromas.

Since I was useless for mathematics
unable for performing arts
I found in her scaly and cybernetic skin
the song of her voice in different languages.

Between clowns, actresses and emblematic fairs
and under the cloak of soft exotic experts
I vanished on sheets my most serious delusions,
in the light of a ritual scheme and heroic music.

Today my social media profile seems fulfilled:
I look very serious in the selfie, inflating the chest;
taking all for granted as if it were real.

But then, fool and full of immoral air,
I paint mirages on your profuse mural:
next to the devil, without any flowers and in your funeral.

INFLUENZA 2024

Capté una sirena que hacía bromas
y en la miel de su perfume, aromas.

Negado para las matemáticas
incapaz en las artes escénicas
hallé en su piel escamada y cibernética
el canto de su voz en distintos idiomas.

Entre mimos, actrices y emblemáticas ferias
y bajo el manto de suaves expertas exóticas
esfumé sobre sábanas mis ilusiones más serias,
a la luz de un esquema ritual y música heroica.

Hoy mi perfil en la red se ve satisfecho:
aparezco en la selfi muy serio, inflando el pecho;
dando todo por hecho como si fuera real.

Más luego, necio y lleno de un aire inmoral,
plasmo espejismos en tu profuso mural:
junto al diablo, sin más flores y en tu funeral.

SIXTH WAVE AND GOODBYE

Perla gleams in lightless nights
besieged by spaces, walls
and lads, lovers of love.

Her voice can be distinguished in the darkness
and she writhes like a cat
in the squash court
and meows.

Perla touches souls
and swells Copilco with glam.
She kneads bodies and turns on the concert with echoes:

"Now she reflects the mirror,
now she blurs the light".

Her reflexion refracts me
on you, in itself, on me and to you...

SEXTA OLA Y ADIÓS

Perla brilla en noches sin luz
acotada por espacios, muros
y chavitos amantes de amar.

Se distingue en lo oscuro su voz
y se agita como misufuz
en la cancha de squash
y maúlla.

Perla roza almas
e inflama con brillo a Copilco.
Soba cuerpos y enciende el concierto con ecos:

"Ora refleja el espejo,
ora la luz difumina".

Su reflexión me refracta
en ti, en sí, en mí y a tú...

Raúl Casamadrid

PREMIERE LOVE

My first girlfriend had a strange nose and sweated
–specially from her hands–
she was sixteen and I was fourteen.

A chaste tryst of touches, kisses and wet clothes
–intertwined desires– before seeing each other,
we said goodbye with candies...

Raw afternoons with a scent of sex and horniness
at Mariscal Sucre roundabout
(at the intersection of Amores,
División del Nte. and Col. del Valle Ave.).

I remember the humid parts
that modesty prevents me from naming:
the holy transit of the immaculate heart
and the honey-tasting eyes of the grandmother who lulled us.

PREMIER AMOR

Mi primera novia tenía una nariz rara y sudaba
–especialmente de las manos–
ella tenía dieciséis y yo catorce años.

Un casto romance de fajes, besos y ropa mojada
–entrelazados deseos– antes de vernos,
nos despedíamos con dulces...

Tardes crudas con olor a sexo y cachondeo
en la glorieta del Mariscal Sucre
(en la intersección de Amores,
División del Nte. y Av. Col. del Valle).

Recuerdo las partes húmedas
que el pudor me impide nombrar:
el sagrado tránsito del inmaculado corazón
y los ojos sabor miel de la abuela que nos arrullaba.

Raúl Casamadrid

LONG COVID

The long COVID is tense
and it is hard to see.
Yet you are not going to kill me
or collect the AXA insurance.

I'd be pleased
to have fun in Paracho
(–I paid so much, and what for–)
even if I cannot see you or reimburse you...

This is América
(with the clothing bundle)
+
other songs by Cuauh.

That's all I have left:
beside the song of Melanie C.
that you always played for me.

LONG COVID

El *long* COVID es tenso
y cuesta trabajo verlo.
Igual no vas a matarme
ni a cobrar el seguro AXA.

Me daría mucho gusto
echar relajo en Paracho
(–pagué tanto, y para k–)
aunq no pueda verte ni resarcirte...

This is América
(kon la ropa de la paka)
+
otras canciones de Cuauh.

Eso es todo lo que me queda:
junto a la rola de Melanie C.
que siempre me pusiste.

Raúl Casamadrid

Z

They say that nothing
in nothingness
is nothing

And that you and I
…nothing at all

But you know we come
from two different
worlds and agents

provocateurs

    you are
    =
    t
    o a summer drawing or
    t
    o a great love

    (that won't download)

    [https://music.youtube.com/watch?v=HdqtraV7Nj4]

2025

Z

Dicen que nada

en la nada

nada

Y que tú y yo

…nada de nada

Mas sabes que somos
de dos mundos
diferentes y agentes

provocadores

    eres
    =
    a
    1 dibujo veraniego o
    a
    1 gran amor

    (k no va a bajar)

[https://music.youtube.com/watch?v=HdqtraV7Nj4]

2025

Raúl Casamadrid

2025

I know the glass flows
like your dark love
& that I love you coldly
with 1 impure affection

you knew that I murmur
like the water of the river
& that I'm all yours
bc you write "mine"

now I throw myself completely
before your exquisite feet

now I kiss you in dreams
when you sleep *in vitro*

Look: if you love me, I love you;
and if you leave, I'll leave.

2025

sé que fluye el vidrio
como tu amor oscuro
y q t quiero en frío
con 1 cariño impuro

supiste que murmuro
como el agua del río
y q soy todo tuyo
xq escribes "mío"

hoy me lanzo entero
a tus pies exquisitos

ora te beso en sueños
cuando duermes *in vitro*

Ve: si me quieres, te quiero;
y si te quitas, me quito.

Raúl Casamadrid

JANUARY

most of my buddies are mad or cracked
I've lost their numbers, the addresses, the emails
now I realize
I don't know
for sure
if they existed
or not
I think it's simple
I think yes and I think no
I'm sure
since you never left
when I

Do not know where you were
and I rai Si
Fa st
w/o Sol
w/o Mi
w/o La
w/o ll
w/o you
w/o
Re medy
nothing
Do lorous
or, yes?...

ENERO

la mayoría de mis cuates están locos o flais
ya perdí su teléfono, la dirección, el email
ahora q pienso
no sé
a ciencia cierta
si existieron
o no
yo creo kes cimple
creo que sí y creo k no
estoy seguro
pues tú nunca te fuiste
cuan

Do no supe dónde andabas
y cre Si
Fa cil
sin Sol
sin Mi
ni La
sin elle
ni contiga
ni
Re medio
nada
Do lía
o, ¿sí?...

FEBRUARY

If celestial blue is possible
and a river navigates between two seas
why couldn't the incredible ocean
flow between two paired rivers?

If the sea doesn't merges into the sky
and a lightless landscape looks abnormal
why the Sebou runs to Fez with one thousand grapes
and the Draa nurturs kasbahs and blues?

My love for you tied me to a snake,
to your eloquent couscous-flavored tongue.

And among a lot of mirrors,
aimless, I turned to Al-Ándalus...

...I left behind the olive trees, Casablanca,
palimpsests, the moon and my cross.

FEBRERO

Si el azul cerúleo es posible
y navega un río entre dos mares
¿por qué no el océano increíble
puede ir entre dos ríos pares?

Si el mar no se une al cielo
y parece anormal un paisaje sin luz
¿por qué el Sebú corre a Fez con mil uvas
y el Draa alimenta kasbahs y blues?

Mi amor por ti me ató a una culebra,
a tu lengua elocuente sabor a cuscús.

Y entre abundantes espejos,
sin rumbo, viré Al-Ándalus...

...dejé atrás los olivos, Casablanca,
palimpsestos, la luna y mi cruz.

MARCH

I understood that I love you
and even if you don't know anything,
I comprehended that I love you
but I never said X

and I didn't chase you
bc I didn't bear it
not even leaving you alone
though you were not

now that I am naked
in 1 corner
and your love prevails in the kitchen
between noodles and showers
where you get stained
with olive
oil:
I see that the new shore
is the beach at your feet.

Today, as we listen to Cuauh singing:
Voa morir joven

…and what for

MARZO

entendí que te quiero
y aunque no sepas nada,
comprendí q t amaba
pero nunca dije equis

y no anduve atrás de ti
xq no lo soportaba
ni dejarte sola
aunq no lo estabas

ora k ando encuerado
en 1 esquina
y rifa tu amor en la cocina
entre fideos y duchas
donde te manchas
de aceite
de oliva:
miro k la nueva orilla
es la playa a tus pies.

Hoy, mientras escuchamos al Cuauh que canta:
Voa morir joven

...y ya pa'qué

APRIL

poetry is not you
and I'm not you
or anyone
neither you
are you
with tutu

I loved you because all of you
bc your tutti fruti

and for your kisses
very classy
very you

what else can I
expect from you?

what,
...yourself?

And here I wait
f you
so
sa
su
here

ABRIL

poesía no eres tú
ni soy tú
ni nadie
ni tú
eres tú
en tutú

te amé por todo lo de tú
x tu tutti fruti

y por tus besos
muy acá
muy tú

¿qué más puedo
esperar de tú?

qué
...¿a ti?

Y aquí aguardo
x ti
así
asá
asú
acá

Raúl Casamadrid

MAY

poetry is not you
may your may and so what
where are you going t go and what for
you think I'm not going to follow you
why?

much may your may and I don't know
if you knew what I did for you and why

you don't know anything
but I can remember what you taste like
you bring the rain between mushrooms and melons
I will find me alone, unlocated, and not knowing how I tremble
the moon is above *babluma*
and you are mounted on me, randomly
kissing my intimate parts and saying
that you really love me; insane, I can see you
through the wall of your impure aromas and I know that
you bring the venom of ancient monkeys so I tremble just for you

How are you, Moon?
Are you as big as I know you are?
And, if you enter by my window, will you kill me with shame?

How are you, Moon?
…you bring rain, you bring your smile and your big eyes

MAYO

poesía no eres tú
may tu mayo y qué
a dónde vas a ir i para qué
crees que no te voy a seguir
¿por qué?

muy may tu mayo y no sé
si supiste lo que hice por ti y por qué

no sabes nada de nada
pero puedo recordar a qué sabes
tú traes la lluvia entre hongos y melones
me encontraré solo, desencontrado, y sin saber ni cómo tiemblo
la luna está sobre babluma
y tú estás encima de mí, a lo loco
besando mis partes íntimas y diciendo
que de veras me quieres; enferma, puedo verte
a través del muro de tus aromas impuros y sepo que
trais el veneno de simios antiguos para que tiemble sólo para ti

¿Cómo estás, Luna?
¿Estás tan grande como sé que estás?
Y, si te metes por mi ventana, ¿me vas a matar de vergüenza?

¿Cómo estás, Luna?
...trais lluvia, trais tu sonrisa y tus ojos grandes

JUNE

fool and evil
June

why or what for
came this stupid show
of those who vote yes and of
those who vote no and undress themselves

fucking Panamanian bitches full of yes
and super mean old classless Mexican men, full of no

just delusions here and the pile of mean heroes that I hate
                                                                so much:
mezcal, penicillin and fentanyl, disguised like Chinese stuff
                                                                  up to the limit
and a bunch of studious girls with infectious spit faces
                                                   and prone to
the fight

but the scent of your sweaty legs became prettily bonded
                                                                   against me;
classy, naked and belly buttoned, but with no grace and silly,
                                                when you told me who knows what

you came to me vomiting; and you came with your vomit:
                                                       just like that,
as if you didn't care about anything, you said that you had to
                                                    take me nicely, down there

JUNIO

junio obtuso
y mala onda

para qué o por qué
vino este estúpido show
de los que votan que sí y de
los que votan que no y se encueran

recontraputas viejas panameñas llenas de sí
y superojetes rucos mexinacos, llenos de no

puras jaladas acá y la bola de héroes gachos que tanto odio:
mezcal, penicilinas y fentanilo, disfrazados de onda china
                                              hasta donde no
y un buen de chavitas estudiosas cara de escupitajas infectas
                                              y leales a la partida
de madres

mas el aroma de tus piernas sudadas se fue vinculando shido
                                                    en contra mía;
acá, desnuda y ombligadamente, pero sin gracia ni chiste,
                                cuando me dijiste que no sé qué

viniste vomitando hacia mí; y te vinistes en la wácara:
                                                  nomás así;
como si no te importara nada dijiste que tenías que tomarme
                                                      rico, abajo

and that, at least, at least, at least –in good faith–
        you would acknowledge it was ok
that it would be approved by your courageous dead lover,
stuck to the canon of your wrinkled and fucking grandmother:
of defecated shit
traditional mind

And yes,
of course there was a kind of sweetness in your eyes
and rage
when you took my hands and told me we should go on

yet you rejected me coarsely later bc I reminded you how mean
and dry you were (when someone traded you by 1 true
                                  buchón ass)

And then we laughed:
supposedly in good faith.

I told you laughing that you should vote for *la Calaca*
and laughing, you told me yes, that it was a fucking clown show,
a must
and that you would do it f me, bc I fucked you nicely when
                you were not penetrated by your kool lover

And the show was even better than we would have imagined
                                  or wanted
Bc it was not the elite cast
or the performing
you were not me
nor you.

y k así, siquiera, siquiera, siquiera –en buena onda–
                reconocerías que estaba ok
que lo aprobaría tu valiente amante muerto, junto al canon
                      de tu arrugada y puta abuela:
de mierda excretada
mente tradicional

Y sí,
pues sí había cierta dulzura en tus ojos
y rabia
cuando tomaste mis manos y dijiste que siguiéramos

aunque luego me rechazaste burdamente xq te recordé lo
gacha y seca que eras (cuando te dejaron por 1 verdadero
                              culo buchón)

Y luego reímos:
dizk en buena onda.

Te dije riendo que votaras por la Calaca
y riendo me dijiste que sí, que era un puto show de clown, un
must
y que lo harías x mí, porq te cogía rico cuando no te
                        penetraba tu amante kool

Y el espectáculo fue más cañón de lo que nos imaginábamos
                        o hubiéramos querido
Xk no fue el elenco de élite
ni la preformancia
ni fuiste yo
o tú.

Raúl Casamadrid

Here we tasted a: "go to the agave in search of honey"
and here a: "there's nothing, well, sweeter"
and then: "kill me with laughter"
But they never gave us our money back.

And, well... it makes sense they hired you to make the suicidal show
as my bipolar friends taught you.
So, "see you then"
Bye

Acá saboreamos un: "vete al agave en busca de miel"
y aquí un: "no hay nada, pues, más dulce"
y luego: "mátame de la risa"
Pero nunca nos devolvieron el dinero.

Y, bueh... tiene sentido que te contrataran para hacer el show
suicida
como mis cuates bipolares te enseñaron.
Entonces, "luego nos vemos"
Bye

JULY

about July
almost nothing can be said
anything good bc it is not fool or evil and it is not ok
and because just by changing one letter it fails

bc it's that we were attentive to our way of being, to our
                                                                          Mexicanity
and so berthita lost; like that, with an intermediate *h*.

Aich of fuck your mother.

July locked inside the same
July from where fire cannot be lit

July cringe and July where you are at your highest prime time
How am I not gonna love u when at your age nobody can stop
                                                                                  hating u?

Do you think I'm made of wood?
Do y' think I'm made of Palo Santo and I don't love you?
And that I'm just here in love? 4u? Only?
You don't excite
don't exist:
don't exsist:
don't excist:

you are a rotten month …so what

JULIO

de julio
casi no puede decirse nada
nada bueno xq ni es obtuso ni maléfico ni esta ok
y porque nomás con cambiar una letra se descompone

xq esdeke estuvimos atentos a nuestra forma de ser, a nuestra
                                                                              mexicanidad
y entonces bailó berthita; así, con hache intermedia.

Hache de chinga tu madre.

Julio encerrado en su mismo
Julio desde donde no puede hacerse fuego

Julio cringe y julio en donde estás en tu máximo prime time
¿Cómo no voy a marte si a tus años nadie puede dejar de
                                                                              odiar t?

¿Crees que soy de palo?
¿Kres q soy de palo santo y no te quiero?
¿Y q sólo estoy acá in love? ¿4u? ¿Nomás?
No exitas
no existes:
no exsistes:
no excistes:

eres un mes ex hado a perder ...y qué

AUGUST

I loved you bc you were wet and that's it
my fingers of plasticine; and yours, of honey
it rained so much but everything was dry, except you and I
and we slipped by the dark side of that room
in Los Ángeles

meanwhile...
you taught me how to take photographs and I taught you how
                                                                        to take me

And you always won, Francesca
with your mean models twice your age that fucked with you
                                                                         continously
until you killed me naked, with that neat artistic performance
                                                                  "Made in Colorado"
then I won (or so I thought) since I loved you only for being
                                                   where you were from
and for your dizzying indigenous
European and New Yorker wave

therefore
you decided beating me to death
when they killed you in that dirty flat
of Manhattan's loisaida when we were supposed to get married
(your opaque face pursues me like in a Cortázar story)

AGOSTO

t quise xk estabas mojada y ya
mis dedos de plastilina; y lo tuyo, de miel
llovía un chingo pero todo estaba seco, menos tú y yo
y nos resbalábamos x la parte oscura de aquella habitación
en Los Ángeles

mientras...
me enseñabas a tomar fotografías y te enseñaba yo cómo
                                                  tomarme

Y siempre ganabas, Francesca
con tus modelos ojetes que te doblaban la edad y
                              continuamente te cogían
hasta que me mataste encuerada, con ese pulcro desempeño
                              artístico "Made in Colorado"
entonces, gané yo (o eso creí) pues te kise nomás por ser
                                    de donde eras
y por tu vertiginosa onda indígena
europea y neoyorkina

por lo tanto
decidiste asesinarme a chingadazos
cuando te mataron en ese mugre piso
del loisaid manhattan cuando dizk nos íbamos a a casar
(tu rostro opaco me persigue como un cuento de Cortázar)

Raúl Casamadrid

unkind August:

you moved to the rotten apple

only to see if you found more inhospitable lights

and to end up unrecognizable when they threw you from

                             the fourth floor of your studio

Damned you: not even dead you call me again

Agosto cruel:

te fuiste a la manzana podrida

sólo por ver si hallabas más luces incróspidas

y para acabar irreconocible cuando te aventaron del cuarto piso

                                                      de tu estudio

Maldita: ni siquera muerta me vuelves a llamar

Raúl Casamadrid

SEPTEMBER

I loved you because you were wet and so what:
a wicked month like there is no other so worst
with a bunch of rainy, trembling days
and the clique of corny guys, laughing to death,
dead by their sad junior-like and post virtual
unpunished ugly existence

I went to search for you and I couldn't find you bc a horrible
                    Law & Order style file hid you
in the entrails of that fucking haunted hotel *Posada del Sol*-alike
yet with no photos of the spacial victims unit

damn you two and this month
redwood-made doll
and damn me and all your unfortunate family

although the bed with you was a spectacle
and your love, the killing of a perfect orgasm

that's why I thought you were going to die without me
but itwas I who died
without you
by you
yes.

SEPTIEMBRE

t quise porque estabas mojada i ké:
mes ojete como no hay otro tan peor
kon una bola de días lluviosos, temblorinos
y la punta de niñes furcios, sobados de la risa,
muertos de una triste e impune existencia gacha
junioril y posvirtual

te fui a buscar y no pude hallart xq un expediente horrible
                          estilo *Law & Order* te ocultó
en la entraña de ese puto hotel embrujado onda *Posada del Sol*
nomás k sin fotos d la unidad de víctimas espaciales

maldita seas two y este mes
muñeca hecha de madera colorada
y maldito sea yo y toda tu desgraciada familia

aúnk contigue la cama fuera un espectáculo
y tu amor, el asesinato de un perfecto orgasmo

x eso pensé que te ibas a morir sin mí
pero fui yo el kese murió
sin ti
x ti
sí.

At the moment of your disappearance, as you descended
                              in free fall
from that dirty window, you thought of me; and it was funny
                              for you to know
that I would never accept your suicide or that you killed
                              yourself and decided
it was time to give me an infamous lesson
yet it was not your thing
or was it

And no
nobody claimed anything
neither your exquisite body
nor your five-star photographs
until you spent five days
at the morgue of that infamous fucking
lower district of east side new york

How heartless you are, September
and August and July and January and all the others

En el momento de tu desparición, mientras descendías
                               en caída libre
por esa mugre ventana, pensaste en mí; y te hizo gracia saber
que nunca aceptaría tu suicidio o que te mataste y decidiste
que ya era hora de darme una infame lección
pero no fue cosa tuya
o sí

Y no
nadie reclamó nada
ni tu cuerpo exquisito
ni tus fotografías de diez
hasta que pasaste cinco días
en la morgue deakel infame puto
distrito bajo del lado este de nueva york

Qué desgraciado eres, septiembre
y agosto y julio y enero y todos los demás

Raúl Casamadrid

OCTOBER

No one searched for you, though I found you in the trash
during four days you were a stiff in the island's saddest
                                                  morgue
your smashed face was fused to the essence of a street
                more crowded and gentrified each day
beside the fragrance of your feet aroma that I loved so much

your feet
your eyes
the eyebrows
your nose
the mouth
the ears
your hair
your hands
the breasts
your waist
the sex
your skin
your navel
the bones
the heart
the veins
your blood
your dreams
your breath

OCTUBRE

Nadie te buscó, aunque yo te hallé en la basura
durante cuatro días fuiste un fiambre en la morgue
                         más tristísima de la isla
tu rostro aplastado quedó en la esencia de una calle
                 cada vez más concurrida y gentrificada
junto a la fragancia del aroma de tus pies que tanto amé

tus pies
tus ojos
las cejas
tu nariz
la boca
las orejas
tu pelo
tus manos
los senos
tu cintura
el sexo
tu piel
tu ombligo
los huesos
el corazón
las venas
tu sangre
tus sueños
tu aliento

Raúl Casamadrid

a *Praise of Your Body*
in the way we were taught by the teacher Alaíde Foppa...

Afterthatlousily
and attached to cdmx
in the street of dolores
of chinatown
historic center
–to be even more
scrupulously
precise–
I celebrated
my birthday just
ten days after you were suicided.

I wanted to start loving another woman
but it hurt to be unfaithful
bc
you were
of January
a fairy
bewitching
intoxicating
deafening
suffering artist
very skilled brilliant and
cameraphotographist

un *Elogio de tu cuerpo*
a la manera en que nos enseñara la maestra Alaíde Foppa...

Posteriorpinchemente
y adscrito a la cdmx
en la calle dolores
del barrio chino
centro histórico
–para ser más
roñosamente
preciso–
celebré
mi cumpleaños sólo
diez días después de que te suicidaron.

Quise empezar a amar a otra mujer
pero me dolía serte infiel
xq
fuiste
de enero
una hada
embrujadora
embriagadora
ensordecedora
doliente artista
habilísima genial y
cámarafotografiadora

Then, after that, you flew
swiftly, like sand over the aquifer
you became a spring, a fountain with Wendy Huggy's feet
a loving lover of old models (today you would be a social
democrat).

It was not my will
but I hated you, for all, when you were gone
and I hate you for all we never came to be.

Bc even naked and in front of your murderer
you were a huge window of love:
immense
insatiable
endless
multiachiever:
twentytwoer
in onethousandninehundredeightyone

Dreamy evanescent ghost:
heart broken and badly injured I therefore
pledge you and so and by me
(if you still love me)
go fuck and re-fuck your mother
one hundred and eighty thousand million times
gringa-loca, devil's lover: die once and for all

2025

Luego, después, volaste
tendida, arenosa sobre el manto del suelo
fuiste un manantial, un surtidor con pies de Wendy
Abrazadora
una amante amorosa de modelos viejos (hoy serías
socialdemócrata).

No fue mi deseo
pero te odié, por todo, cuando te fuiste
y te odio por todo lo que no llegamos a ser.

Xq aún, desnuda y frente a tu matarife
fuiste una enorme vitrina de amor:
inmensa
insaciable
inacabable
archioperante:
veintidosañera
en milnovecientosochentayuno

Soñador evanescente espectro:
desolado y malherido te suplico
por lo tanto y por tanto y por mí
(si es que aún todavía me quieres)
que vayas y recontra chingues a tu madre
ciento ochenta y un mil millones de veces
gringa-loca amante del demonio: muérete de una vez

Raúl Casamadrid

NOVEMBER

along these tubular months I lived
so much and so lonely that I only ask God
November won't be so supinely ugly,
although nothing changes and everything slips
to stay the same, absolutely:

or not

and to the three Magi and Santa Claus
I pray don't forget me
in December
and in January

and to other great gods and prominent saints and politicians in
vogue don't pretend they don't realize it or nothing is happening

so they turn to look at the chaos they created or let create
since they didn't realize that, if we wanted to change the world,
                                      we had to change ourselves...

and that they take their fucking guilt in accord to the Penal Code
and the damn Mexican Constitution and Politics of the supervulgar
Meshica Republic of Texas, Dakota, Utah, Montana as a whole

you didn't get on my good side –I want you to know–

NOVIEMBRE

en estos meses tubulares viví
tanto y tan solo que sólo a Dios le pido que
noviembre no sea tan supinamente gacho,
aunque nada cambie y todo se deslice
hasta ser igual, en absoluto:

o no

y a los reyes magos y a santa clos
suplico que no me olviden
en diciembre
y en enero

y a otros grandes dioses y prominentes santos y políticos en boga
que no se hagan pendejos ni a los que la virgen les habla

y que volteen a ver este desmadre que crearon o que dejaron crear
pues no advirtieron que, si queríamos cambiar al mundo,
                              teníamos que cambiarnos...

y que asuman su chingada culpa de acuerdo al Código Penal
y a la maldita Constitución Mexicana y Política de la supernaka
República Meshica de Texas, Dakota, Utah, Montana y conjuntas

no quedaron bien conmigo –quiero que sepan–

not even with my wife or my daughters nor with my buddies
or their fucking mothers;
then I ask myself:
What the fuck are we
–all of you– doing here?

...knowing that violence is just the fear of other people's
                                                                      thoughts.

Give me my Quetzalcóatl back and the feathered gods that
                              you stole from me deliberately;
take away your infamous little mirrors, your beads,
               your fentanyl and your *buchona* ladies;
give me my *tlálol* back, my *coatlicua* and my cheap clay,
                           wood and stone figurines
and beg my pardon
gang of stupids.

Even if only I remain
unequivocally alone
watching the silence of the good people
before the atrocities of those perched
on shamelesness.

Maybe you're the same, but no longer identical to who you were
and maybe it is not the most important, for you, to increase
                                       your truthfulness.

ni con mi esposa ni con mis hijas ni con mis cuates
ni con su chingada madre;
entonces, me pregunto:
¿Qué jijos del máiz estamos
–todos ustedes– haciendo aquí?

...a sabiendas de que la violencia es solamente el temor al
               pensamiento ajeno.

Devuélvanme mi Quetzalcóatl y a los dioses emplumados
        que deliberadamente se birlaron;
llévense sus infames espejitos, sus cuentas de vidrio,
     su fentanyl y a sus viejas buchonas;
regrésenme mi tlálol, mi coatlicua y mis pinches figuritas
         de barro, madera y piedra
y pídanme perdón
punta de redrojos.

Aunque sólo quede yo
inequívocamente solo
observando el silencio de la gente buena
ante las atrocidades de los encaramados
en la impudicia.

Quizá tú seas la misma, pero ya no idéntica a quien eras
y quizá no sea lo más importante, para ti, incrementar
             tu veracidad.

And equal to how you were, but different, may you exactly be
                                like this, the same and alike,
like someone that seems like you and wants to be the same;
                         like you, but that it's not you anymore:
the one who collects an eye for an eye and for other pairs of
                               eyes until becoming blind...

What I want is not that you remain or stop being that way,
                                       never,
but that you are not so violent or allow that my violence
                        immortalizes your violence
and that the three Magi bring more spells and that when they
                                   are wrong
they intensify their pure magic to transform into a lie
               our mistake which became truth...

And that univocally
(although very sad and lonely)
you live as if you were to die tomorrow
since the world you wait for will not last forever.

And after that
as if you were me
and he and you were me, and we were them
and it would last all that yes and no and whatever...

[...because – look– no one
tastes like you]

E igual a como eras, pero diferente, seas exactamente así,
                              la misma y semejante,
como alguien que se parece a ti y que quiere ser igual,
                   como tú; pero que ya no es ésa:
la que cobra un ojo por otro ojo y por otros pares de ojos
                         hasta quedar ciega...

Lo que yo quiero es no que permanezcas ni dejes de ser así,
                                    jamás,
sino que ya no seas tan violenta ni permitas que mi violencia
                                eternice tu violencia
y que los reyes magos traigan más sortilegios y que cuando
                                    se equivoquen
intensifiquen su pura magia para transformar en mentira
           el error nuestro que se convirtió en verdad...

Y que unívoca
(aunque tristísima y solitaria)
vivas como si fueras a morir mañana
pues el mundo que esperas no durará para siempre.

Y que luego
como si tú fueras yo
y él y tú fueran mí, y nosotros fuésemos ellos
y perdurara todo aquello que sí y que no y lo que sea...

[...porque – ya ves– nadie sabe
a lo que sabes tú]

Locks.

Everything was spoiled when the game was over and the fall
                                                                                                          came out;
but you and I
did we fall, too?
awfully?

And now
as you read me
after so many years
from your stiff and dry coffin
where you laugh to death remembering how much
you took me out of balance when speaking English fastly...
and you remember the moment when the dinosaur of the fifth
                                                                        performation vanished,
when you showed me your very old posters of Bowie, T- Rex,
                                                                      Roxy Music and Queen...

Did you really cry?

Now:
I don't know if you are going to smile like then
intelligently, artificial or sophisticated
while you watch the silly movie where I have a secondary role
as you don't care that your thoughts become words
without mediating terms that then become routine and
                                                                             daily habits

Llaves.

Todo se echó a perder cuando terminó el juego y sobrevino
$$\text{la caída;}$$
pero, tú y yo
¿también caímos?
¿gachísimo?

Y ahora
mientras me lees
tantos años después
desde tu féretro tumefacto y seco
donde mueres de la risa al recordar cuánto
me sacabas de onda al hablar inglés rapidísimo...
y rememoras el momento donde se esfumó el dinosaurio
$$\text{de la quinta performación}$$
cuando me enseñabas tus posters viejísimos de Bowie, T-Rex,
$$\text{Roxy Music y Queen...}$$

¿Llorabas en serio?

Ahora:
no sé si vas a sonreir como entonces
inteligente, artificiosa o sofisticadamente
en tanto miras la peli ñoña donde tengo un papel secundario
ya sin cuidar que tus pensamientos se conviertan en palabras
sin mediar términos que muden luego en hábitos rutinarios
$$\text{y cotidianos}$$

neglecting the onanist behaviors that came to be part of your
                                                                                            face
lying on papaya-colored sheets where you fingerly
                                       caressed our destiny...

I know you'll find
this message ten or three months after you are dead
and, when you read it, la *calaca* of your skull is going to
                              laugh and your teeth will sound like a rattle.

Bc our reward will be found in this crazy effort
and not in the very sad fatal outcome of a total failure
since that fervency will be our most complete victory.

For me, it's ok

descuidadas las costumbres onanistas que pasaron a formar
parte de tu rostro
acostada sobre sábanas color papaya donde acariciaste
dedísticamente nuestro destino...

Sé que encontrarás
diez o tres meses después de muerta este mensaje
y, cuando lo leas, va a reír la calaca de tu calavera y sonarán
tus dientes como matraca.

Xq nuestra recompensa se hallará en este esfuerzo loco
y no en el tristísimo resultado fatal de un fracaso total
pues ese fervor será nuestra victoria más completa.

X mí, está ok

DECEMBER

idiot December
and silly you and me

I loved you naked
but I loved you even more dressed
crazy crazy crazy in cruel Versace jeans

perhaps you feel I am angry
loving December foolish
month, yet adorable

but no:
don't b wrong:
remember it was you
who said: "sad and poor month".
you were right, last month of the end of the year
when I had that foolish fit, still unpunished,
out of place, in the highway when I told you

how long I haven't been in my homeland
that I will kiss her even if she doesn't love me

you were right,
December good and faithful,
with that huge and thick flow

DICIEMBRE

diciembre zonzo
y bobos tú y yo

te quise desnuda
pero te amé más vestida
loca loca loca de crueles jeans versace

quizá sientas que estoy enojado
amante diciembre mes
tontín, pero adorable

más no:
no t equivoques:
recuerda que fuiste tú
quien dijo: "triste y pobre mes"
tenías razón, mes último del fin de año
cuando tuve ese necio arranque, impune aún,
fuera de lugar, en la carretera y te dije

hace cuánto que no estoy en mi tierra
que la besaré aunque no me quiera

tenías razón
diciembre bueno y fiel,
con ese enorme y grueso *flow*

that you finally spoiled:
(I figure out that it was just to annoy)

The old year is outgoing; and due to your inconsistency
and for the vague certainty of that light vain uncertainty
you'll be another shitty year, like the last two hundred and three.

And bc, then, to love foolishly
was a guilty cool pleasure.

No longer today:
meshica blondie
protestant indigenous and red Apache,
crazy boastful gringa, heavy, tough and heavy.

Either funny or not funny, bittersweet
before or in front of your dry and crooked ovaries
sheltered by the brief night of full moon and pines
between billions of trees and Tlalpeuhala olive spheres,
you'll have to confess and tell me, you, nostalgic time,
why the hell did you reach this filthy and miserable end of
                                                the year
with nothing to say, with no one to touch, and without
                              even a grinch pinch of love.

It seems like the whole year is the last day of the year's end
and that it emerged foolishly only to finish everything with a
                                  magical and vain show

el cual finalmente echaste a perder:
(se me figura que únicamente por joder)

El año viejo está saliente; y, por tu inconsistencia
y por la certeza vaga de esa leve incertidumbre vana
serás otro año de mierda, como los últimos doscientos tres.

Y, xq, entonces, amar a lo tonto
era un placer culposo buena onda.

Hoy ya no:
güera meshica
india protestante y colorada apache
gringa loca muy acá, *heavy*, dura y pesada.

Ya sea con chiste o sin gracia, agridulce
ante o frente a tus ovarios secos y retorcidos
encobijada por la breve noche de luna llena y pinos
entre millardos de árboles y esferas oliva de Tlalpeuhala,
vas a tener que confesar y que decirme, tú, época nostálgica,
para qué demonios alcanzaste a este mugre y miserable fin de
                                                            año
sin nada qué decir, sin nadie a quién tocar y sin una pizca
                            siquiera *grinch* de amor.

Parece que el año entero es el último día del fin de año
y que emergió a lo menso nomás para acabar con todo en un
                            mágico y vano chow

to appear and disappear before the disconsolate ghosts of
                    Tony B. and Amy Winehouse…

Why, when you look at the stars, you don't look at yourself
                              among the darkness?
Little self-selfie portrait photographer, owner of the craziest
                              and fleeting month ever?

You are an oximorelian December parable:

No woman will search for your hidden knowledge, witch
                                        of uncertainty,
yet when the year ends, we'll intend to extract from you the
                              hottest of pleasures.

and don't think that you are, December,
but solely a bastard January
or fall in the typical crisis
of a nervous panic and think
that the end of the year matters:
be sincere to me.

And don't worry, since here I'll keep defaming you;
remember you can die in January and not see 1 December more.

I know that this end of the year
opened deliciously at ease your idle,
wild, patient, disrespectful and ill-mannered legs.

para ser y desparecer entre los espectros d Tony B.
        y Amy Winehouse desconsolados...

¿Xq, al mirar a las estrellas, no t miras, entre la oscuridad,
                                              a ti misma?
¿Pequeña fotógrafa autorretratista, ama del mes más loco
                                            y fugaz que hay?

Eres una parábola decembrina oximoreliana:

Ninguna mujer indagará sobre tu conocimiento oculto, bruja
                                            de la incertidumbre,
+ cuando el año termine, intentaremos extraer de ti el placer
                                                    más cachondo.

Y no pienses en que eres tú, diciembre,
sino tan sólo un enero malparido
ni caigas en las clásicas crisis
de pánico nervioso y creas
que el fin de año importa:
asincérate contigo.

Y descuida, que yo acá te seguiré calumniando;
acuérdate que puedes morir en enero y no ver 1 diciembre más.

Sé que este fin de año, a gusto,
abrió deliciosamente tus piernas ociosas,
salvajes, pacientes, irreverentes y mal educadas.

And that in the twelfth day you went on pilgrimage
with no hit or stain beside your husband and daughter
although the eleven you fucked with the devil between
colorful *alebrijes*.

I know and mathematically estimated than even if it is iniquitous
and hateful
your might enmasks proven, pasteurized and pure scientific
products
and that the cheap Christmas commercial impulse survives in
our desire full of the Child God.

Am I understood?
Do I understand myself?

Savagery is you.

2025

Y que el día doce peregrinaste
sin mella ni mancha junto a tu marido y tu hija
aunque el once fornicaste con el diablo entre alebrijes coloridos.

Sé y calculé matemáticamente que aunque inicuo y odioso
tu poder enmascara probados, pasteurizados y puros
                              productos científicos
y que sobrevive en nuestro deseo el impulso mercantil chafa
                              navideño lleno del Niño Dios.

¿Me explico?
¿Me entiendo?

La barbarie, eres tú.

Raúl Casamadrid

Raúl Casamadrid is an editor, poet, essayist, novelist, and short story writer. He has published the essays *El ser insuficiente del mexicano* (The Insufficient Being of the Mexican, UNAM, 2023) and *La Generación Inútil* (The Useless Generation, UNAM, 2019); the poetry collection *Postmodern Valladolid* (Darklight, 2018); and the short story collection *Litorales* (UNAM, 2018). He holds a PhD in Art and Culture, a Master's degree in Discourse Studies, and a Bachelor's degree in Hispanic Literature. He is a Level 1 National Researcher. He specializes in literary analysis and film theory. For his novel *Juegos de salón* (Playing Games, Premiá Editora, UNAM, 1979), Gustavo Sáinz recognized him as "the Mexican novelist who most closely resembles the erotic sentiment of the 21st century"; he was included in the *Anthology of New Mexican Narrative: Jaula de palabras* (Grijalbo, 1981), alongside figures such as Carlos Fuentes and Elena Poniatowska. Literary critic Ignacio Trejo Fuentes described his work as "one of the most entertaining and important works ever written in Mexico." His most recent publications include *Creatividad y autenticidad en la investigación académica* (Creativity and Authenticity in Academic Research, Tirant lo Blanch, 2025) and *El relajo en el cine mexicano* (Relaxation in Mexican Cinema, IMCED, 2025).

Raúl Casamadrid

Raúl Casamadrid es editor, poeta, ensayista, novelista y cuentista. Publicó los ensayos *El ser insuficiente del mexicano* (UNAM, 2023) y *La Generación Inútil* (UNAM, 2019); el poemario *Postmodern Valladolid* (Darklight, 2018) y el libro de cuentos *Litorales* (UNAM, 2018). Doctor en Arte y Cultura, maestro en Estudios del Discurso y licenciado en Letras Hispánicas, es Investigador Nacional Nivel 1. Se especializa en el análisis literario y la teoría cinematográfica. Por su novela *Juegos de salón* (Premiá Editora, 1979) Gustavo Sáinz lo reconoció como "el novelista mexicano que más se acerca al sentimiento erótico del siglo XXI"; fue incluido en la *Antología de la Nueva Narrativa Mexicana: Jaula de palabras* (Grijalbo, 1981), junto a figuras como Carlos Fuentes y Elena Poniatowska. El crítico Ignacio Trejo Fuentes calificó su obra como "una de las más divertidas e importantes que se han escrito en México". Sus más recientes publicaciones son *Creatividad y autenticidad en la investigación académica* (Tirant lo Blanch, 2025) y *El relajo en el cine mexicano* (IMCED, 2025).

DARKLIGHT'S "BRIDGES" BILINGUAL POETRY SERIES /
COLECCIÓN BILINGÜE DE POESÍA "BRIDGES" DE DARKLIGHT

1. María Ángeles Juárez Téllez
In the Fire of Time /
En el fuego del tiempo

2. Arthur Gatti
Songs of Mute Eagles /
Canto de águilas mudas

3. Alejandro Reyes Juárez
Axolotl Constellation /
Constelación Axólotl

4. Iliana Rodríguez
Trace /
Traza

5. Bernard Block
Am I My Brother's Keeper? /
¿Soy el guardián de mi hermano?

6. Raúl Casamadrid
Postmodern Valladolid /
Valladolid posmoderna

7. Jessica Nooney
The Body's Politics /
La política del cuerpo

8. Héctor García Moreno
Amidst Water and Mud /
Entre el agua y el lodo

9. Maribel Arreola Rivas
Ritual of Burning Flesh /
Ritual de la carne en llamas

10. Baudelio Camarillo
In Memory of the Kingdom /
En memoria del reino

11. Rosario Herrera Guido
On a Timeless Path /
Por un sendero sin tiempo

12. Carlos Santibáñez Andonegui
The Fresco Technique /
La técnica del fresco

13. Peter Blaxill
Wherever the Wind Blows I Will Go /
Iré a donde el viento sople

14. Evie Ivy
The Platinum Moon /
La luna de platino

15. Robert Kramer
In the Margins /
Al margen

16. Víctor M. Navarro
Syllables on Hold /
Sílabas detenidas

17. Felix Cardoso
Exodus to Genesis /
Éxodo al Génesis

18. Roberto Mendoza Ayala
Unknown Words /
Palabras desconocidas

19. Kristin Robie
The Purest Tears Are Light /
El llanto iluminado

20. Héctor Carreto
The Black Cat Constellation /
La constelación del gato negro

21. Mara Levine
The Shape of an Ark /
La forma de un arca

22. Víctor Hugo Hidalgo Ruiz
Sand Drawings /
Dibujos de arena

23. Roberto López Moreno
The Eyes of the Tree /
Los ojos del árbol

24. Terry Edmonds
Question Marks /
Interrogantes

25. Blanca Luz Pulido
Moonstruck /
Lunática

26. Diane Block
When Ice Melts to Green /
Cuando el hielo se deshace en la hierba

27. Dana Gelinas
Incitato (Epigrams on Trump) /
Incitato (Epigramas sobre Trump)

28. Leopoldo González
Notebook to Get Through the Night /
Cuaderno para atravesar la noche

29. Jade Castellanos
Before the Water /
Antes del agua

30. Hassanal Abdullah
Under the Thin Layers of Light /
Bajo las finas capas de la luz

Made in the USA
Middletown, DE
21 May 2025

75811978R00081